血型小將
ABO
4

RealCrazyMan◎著　　彭玲林◎譯

序

久仰大名了！

該不會只聽到不好的話吧？（笑）

本人真的是比照片好看多了呢！

我常常聽到這種話。

啊～是這樣喔！

這個…不過

你是
什麼血型的？

不行！！
年輕男女只要一見面，
總是先問血型！！！

喀！

血型個性論源自於A型相對
較多的白人比其他人種優
秀的邏輯，先是從德
國開始，然後傳到日本，
於是造就成現在的血型
個性論！！
不過，在科學上，尚未
證明有任何物質可以決
定個性，所以，這個
理論是完全沒有
科學根據的！！

你認識那
個人嗎？

不…不
認識耶。

口沫一
橫飛一

環境因素對於人的個性形成，會產生更大的影響，透過談話聊天，更能瞭解對方！！

一見面就問血型，而且只用血型判斷對方，真是件很愚蠢的事…

目次

Part 1 血型小將在學校～

Part 2 血型小將 在職場～

Part 3 血型小將 在三國～

Part 1

Blood Types Go To School

血型小將
在學校～

② 最愛搶公車的是？

結果是，運氣好的人中大獎⋯

③ 寫到不會的題目

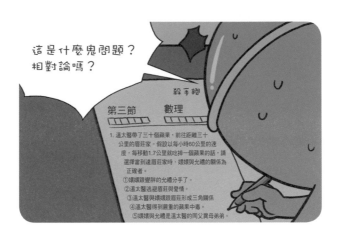

A型　雖然是經過周詳的計算才挑選出正確的答案…

但是，馬上就迷失在自己的周詳計算之中，

陷入深深的煩惱。

B型　很簡單，很果斷，

不過……

在考試後，也可能受到該科老師的報復。

O型　很實際的他們，

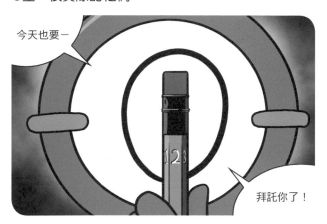

雖然生存能力很強，

不過，要是鉛筆滾得太過頭的話，

會被監考老師發現的……

AB型

④ 美術課的戰爭

對B型朋友這幅令人費疑猜的圖畫⋯⋯

A型說了善意的謊言。

不過，B型聽了卻勃然大怒！

怎樣回答都無法讓B型滿意……

冷眼旁觀的O型開始干涉了，

請你繼續做自己的事～不要撈過界了～

結果演變成B型與O型打架……

被老師發現正在打架，

面對追究責任的老師，

就在孩子們猶豫不決之際……

AB型正偷偷地向老師說明事情經過。

本篇改編自H小姐的故事。

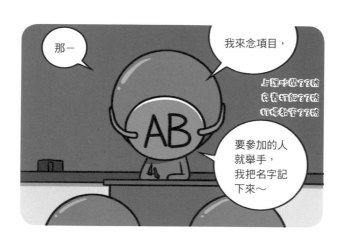

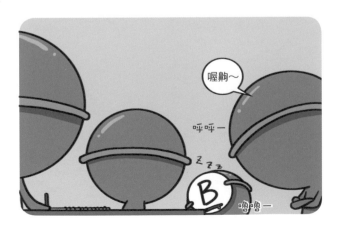

「對了，我們班導師是誰啊？」
「校車司機爺爺～」
「蛤？」

一般說來，所謂男子漢，就是要以赴死的決心，面對所有的事情！

看到你，就讓我想到孫子～

啊！是…是…

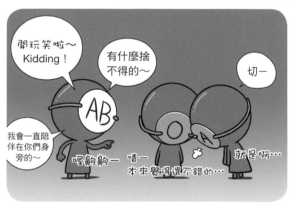

7 女大生的宿舍

但是，卻是與期望大不相同的故事……

A、B、O、AB四種血型的女大生同住一間房，

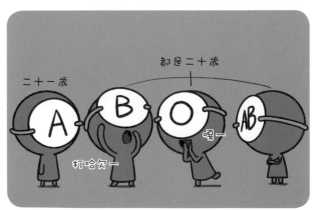

在多人合宿的情形下，

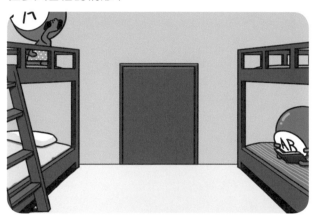

隨著時間的過去，

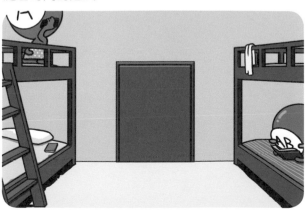

通常會漸漸變亂，

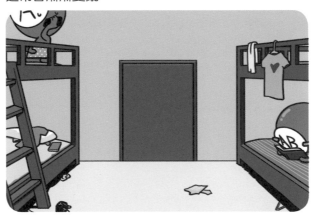

並且不太有人去整理⋯⋯

有一天，A型姊姊小心翼翼地開口說話了～

O型是一笑置之，

AB型則是大力指責，

然後B型是－

結果，聽說後來還是沒有打掃房間……

8 分組實驗

有位老師突發奇想,想要找出血型共同性,於是讓同血型的學生分組而坐。

A型

A型們一面自我介紹，

一面把時間消磨掉……

B型

不知不覺就變成玩遊戲了……

O型　從某人開始的「誠實」對話……

變成了一片混亂。

AB型　先是很尷尬地坐著，

然後開始各做各的。

結果，老師所下的結論是……

本篇改編自K先生的故事。

9 健康檢查

健康檢查當天

第二天

我們班的檢查結果，整體說來，沒有人有大問題，

除了一個人…

你抓了什麼放在小便檢體裡面啊？

量不夠，所以，就稍微混了一點廁所的清潔劑與肥皂水。

在這世界上，不論是誰，都沒有權利向其他人強求小便的，不是嗎？

AB

硬擠都擠不出來，那要怎麼辦呢？

10 女學生的仆街

當女學生在平常仰慕的老師面前「砰」的跌個四腳朝天時，各個血型的反應為……

有完美主義傾向的A型是 ——

用閃電般的速度站起來，就像沒摔跤似的。

B型

繼續一面翻滾一面離開老師的視線。

O型

就這樣動也不動，漸漸錯失起身的最佳時機。

AB型　每次看到那位老師時……

就一直……

一直摔跤……

結果就變成了沒什麼大不了的事了。

⑪ 歷史老師的轉變

「你們也去生養兩個瘋狂破壞王看看……」

剛剛說我是蓋世太保的傢伙出來—
叫我是頭戴花環的瘋女的也出來—

記…記仇

本篇改編自J讀者的親身故事。

12 圖書館

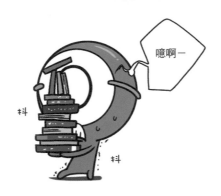

Part 2

Blood Types Go To Work

血型小將
在職場～

13 A型員工的特質

常在「符合做事常理」及「顧及同事和睦相處」間
引發理性與感性的掙扎。

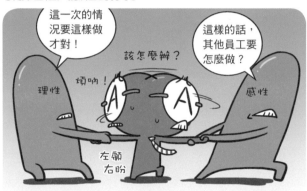

為了隱藏像這樣的內心掙扎而築起了堅固的保護牆。

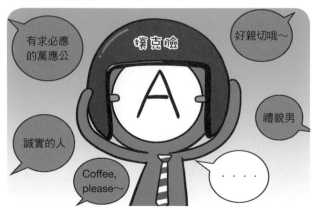

但是，想要脫掉保護罩的渴望及不滿也很強烈。

陷入絕境時，會展現出一百八十度的迴異性格，務必要小心。

14 B型員工的特質

以自我為中心，不受團體生活的束縛。

可以同時做好幾件事。

討厭墨守成規，討厭按照既定流程與規定來執行。

拜「天生反骨」的個性所賜，有時候會想出突破性的好點子！

15 O型員工的特質

強烈的求勝心雖然可以刺激身邊的同事，但如果身為主管，也可能會給部屬帶來過度的壓力。

具有想要組織團體的特性，想要當團體的領導者。

敵我意識強烈，對同黨以外的人既有戒心又愛計較。

經常會說錯話，所以，一定要管好自己的嘴巴。

AB型員工的特質

理性邏輯的推論聽起來會有點冷漠無情。

由於非常理性，討厭毫無意義且不道德的事物，具有強烈的正義感。

即使身處公司的派系鬥爭之中，也採取中立的態度。

具有獨特的嘲諷風格。

17 A型主管的 最佳祕書

A型祕書　相似的地方很多，所以，不用說也能準備妥當。

不過，一旦鬧翻的話，要很久之後才會和好。

O型祕書　剛開始說不定還可以，

由於只顧大方向，一旦主管要求到小細節，就會感到沉重的壓力。

B型祕書 要是能充分瞭解彼此的差異，就能成為彌補A型不足的絕佳助手。

AB型祕書 以既有禮貌又理性的個性協助主管，是A型主管的最佳祕書！

18 B型主管的最佳祕書

A型祕書　B型負責攻擊，A型負責防守，可以展現出最強大的團隊精神。

不過一旦鬧翻，A型會因為B型的神經大條而受傷離開。

B型祕書　雖然共同點很多，很瞭解對方，能夠
　　　　　和對方相處融洽，

不過，有時候會忘記自己的角色，率性而為。

O型祕書　特有的親和力與活力會讓B型主管的
　　　　　點子如虎添翼，

不過，O型會製造派系，可能會產生權力鬥爭。

AB型祕書 非常瞭解B型主管天馬行空的想法，
會不露痕跡地善加協助。

不過，一旦被AB型貼標籤，就算是跟他有關的
事，他也絕對不會理你。

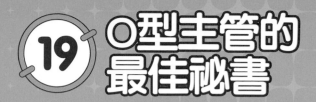

19 O型主管的最佳祕書

A型祕書　O型主管與A型祕書一個在前面拉，一個在後面推，是很穩定的組合。

但O型主管固執蠻幹的做法，可能會累垮A型，要小心拿捏。

O型祕書　雖然，O型祕書會與主管一同為相同目標全力以赴，

不過，要是在年齡、能力、經驗等方面，跟主管相差不大的話，也可能會發展成相互競爭的關係。

B型祕書　O型對B型的創意有相當高的評價。

AB型祕書　AB型祕書總能以冷靜謹慎的思考協助充滿熱情的O型主管。

20 AB型主管的最佳祕書

B型祕書 對過於理性而缺乏彈性的AB型主管而言，

無拘無束的B型提供了多元而豐富的思考。

A型祕書　相較之下，A型主管與AB型祕書的組合更為理想。

O型祕書　AB型主管與O型祕書的組合，其關鍵在於接納彼此的差異。

AB型祕書　若公司裡主管與員工都是AB型的組合，由於私下交流少，所以很難持久。

㉑ 如何取得A型主管的信賴？

第一印象很重要，接近A型時一定要很有禮貌。

重要的是，一步一步、循序漸進地靠近。

A型的防備心很強，接近他時絕不能性急。

馬屁拍過頭或者話說得太滿的話，會讓A型反感，要想辦法營造值得信賴的形象。

充分掌握A型的狀況，就很容易得分。

一定要瞭解A型仔細的作業模式，不要反對。

執行目標
1. 決定封面
1) 標題
～位於頁面的中間上面部位
～決定字型（能夠給人信任感的黑體）
～決定字體大小（可讀性高又不會顯得無知的大小）
～行距的理想間距
2) 裝訂
～暖色系（溫馨感）vs冷色系（專業感）
～硬皮精裝vs軟皮＋透明塑膠封套

這些小事是
年度目標嗎

要不要寫個
企畫書呢？

22 如何取得B型主管的信賴？

特別喜歡響應並支持自己點子的人。

在所有血型中，這是最好相處的主管，一定要善加利用這一點。

不過，私交很好跟業務上百分百的信賴卻是兩碼子事…

B型只決定基本方針，然後交由別人執行。如果連細節都要請示的話，會被看成無能。

但也有可能做到一半卻全面翻盤，所以，最好隨時報告最新進度。

23 如何取得O型主管的信賴？

透過一起開心喝酒，

或是一起辛苦出差的經驗，經由「共同的經歷」
來建立感情。

一旦認定是「同一國」的話，就會毫不保留地對你好。

這邊是我們這一國的～

O型喜歡教導人，藉由請他指導而拉近彼此間的距離也是好方法。

大師，請多多指教！

咳咳～

O型很重視責任關係，如果能展現出負責的一面，就能獲得好感。

O型與B型主管重視結果，即使精通理論、耗費心力，最後結果不好依舊無法得到認可。

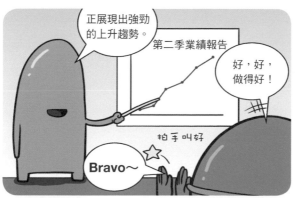

24 如何取得AB型主管的信賴？

公領域與私領域的區分非常明顯，想要建立過度親密的關係的話，可能會招致反感。

對AB型而言，絕對不可以說謊或是拍馬屁，

實話實說才是王道，這樣至少還擁有「誠實」的美德。

跟B型一樣，討厭吞吞吐吐、不乾脆的人。

AB型具有獨特的嘲諷風格，千萬不要太在意。

25 如何讓A型員工發揮最大價值？

A型天生就是「社會人」，非常渴望在自己所屬的集團裡得到認可。

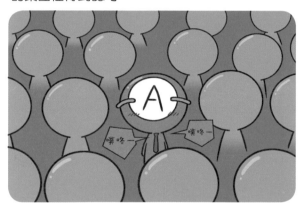

A型隨著自信心的高低，能力會有天壤之別。讚美會讓A型自信心上升。

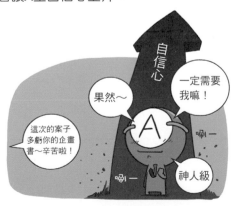

在籌備周詳的計畫或者需要正確性的工作上，能展現卓越的能力。

由於無法快速適應變化，若是在過程中變更指示的話，就會感到驚慌失措。

與其獨自作業，在團隊作業中反而能展現出強而有力的一面。

26 如何讓B型員工發揮最大價值？

對沒什麼耐心的**B**型而言，一定要讓事情本身具有趣味才行。

不論地位的高低，**B**型很擅長應付場面話。

但要是下達太過細微的指示，就完全無法發揮實力。

在充滿嘮叨及繁瑣規定的環境中，能力會瞬間減半。

27 如何讓O型員工發揮最大價值？

給O型目標是很重要的事。經常給予讚美，激發他的熱情，也是很好的方法。

引起好勝心固然是好辦法，但是，失敗的話，也可能徹底放棄。

讓O型產生同儕意識的話，他就會成為忠心的部屬。

O型是那種獨自做事時，就能發揮實力的類型。

28 如何讓AB型員工發揮最大價值?

AB型有個人主義的傾向,清楚劃分他的負責範圍,他才能安心並發揮實力。

AB型有卓越的邏輯性、判斷力、分析力,在人際關係、協商方面能力傑出。

容易感到疲勞，所以，最好不要叫他上夜班或加班。

討厭感情用事的人，所以，千萬不要有情緒性的指責。

一起生活的四個男人，

A型最早起床，刷牙、洗臉、刮鬍子，準備上班。

O型受不了電動刮鬍刀的噪音，用被子大力蒙住頭，
B型會大發脾氣說太吵了。

於是，被罵的A型只好關上廁所門，繼續準備上班。

而在A型前晚上夜班，隔天晚起的早晨……

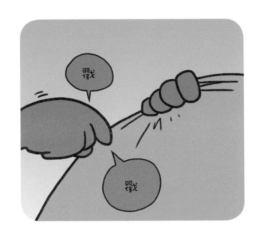

本篇改編自H先生的故事。

Part 3

**Blood Types in the
Three Kingdoms**

血型小將
在三國～

劉備
沉默寡言，對人相當恭敬，個性內斂，不輕易流露感情。

關羽
溫和有禮，擁有驚人的忍耐力，但自尊心強，個性固執。

張飛
個性勇猛，嫉惡如仇，但性子急躁嗜酒，經常打架鬧事。

關羽與張飛與東漢的皇族後裔劉備相遇，在張飛家後院的桃花園結拜為兄弟，後世將此稱為桃園三結義。

劉備、關羽、張飛雖然不同姓，但是，已經結拜為兄弟，

……

卡！等一下，動作暫停！

馬上就要同心協力…

嘎？

141

你說是皇族，有證據嗎？族譜拿出來看看先…

唷～您覺得年紀大就是好嗎？這樣也值得驕傲？

什麼？這麼沒教養！戶籍上的墨水都還沒乾呢…

還展現出對皇族嗆聲的氣魄喔～

就算出生有順序，不過，上西天可就沒有順序了，別囂張！

這樣看來，照順序升天也沒什麼困難，嘻！

我看是靠爸族吧！最近連阿貓阿狗都說自己是皇族～

剛才的發言是污蔑皇族嗎？我可是有錄音喔～

是因為誰才讓這個世界變成這個德性！

哼一

啊啊啊一

氣呼呼

張飛開始展現「主場優勢」。

張飛就這樣失去了主場優勢……

於是，劉備靠著後台當上了大哥。

31 韜光養晦

「把刀刃之光藏於刀鞘之內，在黑暗當中養精蓄銳。」
這句話指的是在三國演義中，劉備一面委身為曹操的門
客，一面隱匿才能，並暗自培養自己的力量。

曹操
樂觀、豪氣、不偏私
是其個性特色，作為
文學家、政治家的能
力也非常傑出。

依閣下之見，誰是當代的英雄？

淮南袁術，手下人力多，糧草又充足，

可稱之為英雄。

就在這個時候，天空一陣雷電大作。

32 三顧茅廬

諸葛亮
聰慧絕倫，在政治與謀略上嶄露頭角。經綸濟世技高一籌，雖然賞罰嚴厲，但沒有人對他不滿，是個非常理性的人物。

第一次拜訪

第一次失敗

第二次拜訪

第二次失敗

到了戲劇性的一刻，劉備與諸葛亮，終於見面了……

好好地長談了一番。

結果，諸葛亮受到劉備雄心壯志的感召，宣誓效忠劉備。

然而，劉備是會記仇的……

與曹操的大軍對峙時，孫權與劉備的聯軍面臨了危機。

在起大霧的那一天，出海取箭。

就像變魔術般，要來了十萬支箭。

曹操陣營

孫權、劉備陣營

諸葛亮建議以火攻擊曹營，

為了表現戲劇性的轉變，展開了熱烈的演出。

一到夜晚，就像諸葛亮所說的一樣，風向改變了！

曹操陣營大敗。

其實，據傳諸葛亮……

數十年來仔細觀察氣象，所以，早就算準那晚會吹東南風。

FAC0343

血型小將4 ABO

作　　者
RealCrazyMan（朴東宣）

譯　　者
彭玲林（O）

主　　編　戴偉傑（O）	執行企劃　呂小弁（AB）
責任編輯　林巧涵（O）	董 事 長　趙政岷（O）
美術設計　溫國群（A）	
內文設計　果實文化設計	
內文排版　黃雅藍（B）	

出版者
時報文化出版企業股份有限公司
108019台北市和平西路三段二四〇號四樓
客服專線　（〇二）二三〇六─六八四二
讀者服務專線　〇八〇〇─二三一一七〇五
　　　　　　（〇二）二三〇四─七一〇三
讀者服務傳真　（〇二）二三〇四─六八五八
郵撥　一九三四四七二四時報文化出版公司

信箱　一〇八九九臺北華江橋郵局第九九信箱
時報悅讀網　http://www.readingtimes.com.tw
電子郵件信箱　ctliving@readingtimes.com.tw
理律法律事務所　陳長文律師、李念祖律師
印刷　勁達印刷有限公司
初版一刷　二〇一三年六月二十一日
初版七刷　二〇二三年九月二十八日
定價　新台幣一九九元

時報文化出版公司成立於一九七五年，
並於一九九九年股票上櫃公開發行，於二〇〇八年脫離中時集團
非屬旺中，以「尊重智慧與創意的文化事業」為信念。
（缺頁或破損的書，請寄回更換）
ISBN 978-957-13-5770-6
Printed in Taiwan

血型小將ABO 4 / 朴東宣作；彭玲林譯. -- 初版.
-- 臺北市：時報文化, 2013.6-
ISBN 978-957-13-5770-6（平裝）

1. 血型 2.漫畫

293.6　　　　　　　　　　100024275